新 HSK（四级）
高分实战试卷
6

刘 云 主编

北京大学出版社
PEKING UNIVERSITY PRESS

图书在版编目(CIP)数据

新HSK(四级)高分实战试卷.6/刘云主编.—北京:北京大学出版社,2013.2
(北大版新HSK应试辅导丛书)
ISBN 978-7-301-21711-5

Ⅰ.新… Ⅱ.刘… Ⅲ.汉语—对外汉语教学—水平考试—题解 Ⅳ.H195-44

中国版本图书馆CIP数据核字(2012)第295241号

书　　　　名:	新HSK(四级)高分实战试卷6
著作责任者:	刘　云　主编
责 任 编 辑:	欧慧英
标 准 书 号:	ISBN 978-7-301-21711-5/H·3193
出 版 发 行:	北京大学出版社
地　　　　址:	北京市海淀区成府路205号　100871
网　　　　址:	http://www.pup.cn　新浪官方微博:@北京大学出版社
电 子 信 箱:	zpup@pup.pku.edu.cn
电　　　　话:	邮购部 62752015　发行部 62750672　编辑部 62752028
	出版部 62754962
印　刷　者:	三河市博文印刷厂
经　销　者:	新华书店
	787毫米×1092毫米　16开本　2.75印张　60千字
	2013年2月第1版　2013年2月第1次印刷
定　　　价:	10.00元

未经许可,不得以任何方式复制或抄袭本书之部分或全部内容。
版权所有,侵权必究
举报电话: 010 - 62752024　电子信箱: fd@pup.pku.edu.cn

目 录

一、听 力 ……………………………………………………………… 1

二、阅 读 ……………………………………………………………… 6

三、书 写 ……………………………………………………………… 14

答 案 ………………………………………………………………… 16

听力材料及听力部分题解 …………………………………………… 18

阅读部分题解 ………………………………………………………… 30

新汉语水平考试
HSK（四级）

注　意

一、HSK（四级）分三部分：

　　1. 听力（45 题，约 30 分钟）

　　2. 阅读（40 题，35 分钟）

　　3. 书写（15 题，25 分钟）

二、**答案先写在试卷上，最后 10 分钟再写在答题卡上。**

三、全部考试约 105 分钟（含考生填写个人信息时间 5 分钟）。

中国　北京　　　　　××××/××××××　　　编制

一、听　力

（听力内容请登录 http://www.pup.cn/dl/newsmore.cfm?sSnom=d203 下载）

第 一 部 分

第1-10题：判断对错。

例如：我想去办个信用卡，今天下午你有时间吗？陪我去一趟银行？

★ 他打算下午去银行。　　　　　　　　　　　　（ √ ）

现在我很少看电视，其中一个原因是，广告太多了，不管什么时间，也不管什么节目，只要你打开电视，总能看到那么多的广告，浪费我的时间。

★ 他喜欢看电视广告。　　　　　　　　　　　　（ × ）

1. ★ 小李在北京工作。　　　　　　　　　　　　（　　）

2. ★ 丽丽要去接儿子。　　　　　　　　　　　　（　　）

3. ★ 小张已经买了这件衣服。　　　　　　　　　（　　）

4. ★ 他不喜欢打球。　　　　　　　　　　　　　（　　）

5. ★ 王海是老师。　　　　　　　　　　　　　　（　　）

6. ★ 陈明学习不错。　　　　　　　　　　　　　（　　）

7. ★ 孩子需要打针。　　　　　　　　　　　　　（　　）

8. ★ 小张很懒。　　　　　　　　　　　　　　　（　　）

9. ★ 他看了篮球赛。　　　　　　　　　　　　　（　　）

10. ★ 李红家昨晚很热闹。　　　　　　　　　　　（　　）

第二部分

第11-25题：请选出正确答案。

例如：女：该加油了，去机场的路上有加油站吗？
　　　男：有，你放心吧。
　　　问：男的主要是什么意思？
　　　　A 去机场　　B 快到了　　C 油是满的　　D 有加油站 ✓

11. A 家里　　　　B 车里　　　　C 电影院　　　　D 火车站

12. A 请假　　　　B 打电话　　　C 取文件　　　　D 看孩子

13. A 伤心　　　　B 着急　　　　C 生气　　　　　D 激动

14. A 导游　　　　B 售货员　　　C 服务员　　　　D 公司经理

15. A 毕业了　　　B 赚了很多钱　C 找不到工作　　D 获得了经验

16. A 逛街　　　　B 休息　　　　C 陪妹妹　　　　D 买衣服

17. A 下午两点　　B 下午两点半　C 下午四点　　　D 下午四点半

18. A 超市　　　　B 机场　　　　C 汽车站　　　　D 火车站

19. A 师生　　　　B 姐弟　　　　C 同事　　　　　D 母子

20. A 买水果　　　B 买蛋糕　　　C 做蛋糕　　　　D 问时间

21. A 经理　　　　B 医生　　　　C 老师　　　　　D 服务员

22. A 送给妈妈　　　B 衣服很好看　　　C 衣服在打折　　　D 自己没衣服

23. A 不想出门　　　B 外面不冷　　　　C 应该出去　　　　D 没有照相机

24. A 坐车　　　　　B 去买东西　　　　C 去奶奶家　　　　D 打扫房间

25. A 400元　　　　B 600元　　　　　C 800元　　　　　D 1500元

第三部分

第26-45题：请选出正确答案。

例如：男：把这个文件复印五份，一会儿拿到会议室发给大家。
　　　女：好的。会议是下午三点吗？
　　　男：改了。三点半，推迟了半个小时。
　　　女：好，602会议室没变吧？
　　　男：对，没变。
　　　问：会议几点开始？
　　　A 两点　　　B 3点　　　C 3：30 ✓　　　D 6点

26. A 和女的不像　　B 正在读博士　　C 男友是美国人　　D 在美国没回来

27. A 想他了　　B 请他吃饭　　C 帮助女的　　D 向他借书

28. A 上班　　B 吃药　　C 洗澡　　D 去医院

29. A 超市很近　　B 开车不方便　　C 女的想散步　　D 男的吃多了

30. A 时间还很早　　B 外面在堵车　　C 让男的先取车　　D 自己打扮好了

31. A 长得非常帅　　B 长得很像妈妈　　C 在上海工作　　D 有自己的公司

32. A 男的很仔细　　B 经理非常生气　　C 女的很粗心　　D 材料被改正了

33. A 餐厅　　B 公司　　C 学校　　D 奶奶家

34. A 宾馆　　B 超市　　C 餐厅　　D 车站

35. A 肚子饿　　　　B 想喝水　　　　C 不舒服　　　　D 吃了饼干

36. A 好好儿复习　　B 爱护环境　　　C 要有礼貌　　　D 努力工作

37. A 经理　　　　　B 老师　　　　　C 记者　　　　　D 医生

38. A 常开窗户　　　B 多洗衣服　　　C 随身带伞　　　D 多出门散步

39. A 做广告　　　　B 介绍历史　　　C 表演节目　　　D 通知事情

40. A 上班　　　　　B 游泳　　　　　C 吃饭　　　　　D 看电影

41. A 十一点　　　　B 十一点半　　　C 十二点　　　　D 下午一点半

42. A 小东不聪明　　B 要努力学习　　C 别和小东玩儿　D 好孩子不该玩儿

43. A 不爱学习　　　B 非常害羞　　　C 爱玩儿游戏　　D 想和小东玩儿

44. A 医院　　　　　B 学校　　　　　C 公司　　　　　D 家里

45. A 多休息　　　　B 多吃水果　　　C 努力学习　　　D 多锻炼身体

二、阅 读

第一部分

第46-50题：选词填空。

　　　　A 安排　　B 诚实　　C 丢　　D 坚持　　E 开玩笑　　F 研究

例如：她每天都（ D ）走路上下班，所以身体一直很不错。

46. 我明天要去见公司总经理，你帮我（　　）一下。

47. 你在（　　）吧？他怎么可能这么快就结婚了？

48. 你看到我的信用卡了吗？我好像把它弄（　　）了。

49. 妈妈经常对我说："你要做一个（　　）的孩子。"

50. 我爸爸是大学老师，他是（　　）中国文化的。

第51-55题：选词填空。

A 来得及　　B 加油站　　C 温度　　D 信心　　E 解释　　F 害羞

例如：A：今天真冷啊，好像白天最高（ C ）才2℃。
　　　B：刚才电视里说明天更冷。

51. 男：这都七点了，我们要迟到了。
　　 女：还有一个小时呢，应该（　　）。

52. 男：这已经是你第三次做错事情了，请你（　　）一下。
　　 女：对不起，我下次不会了。

53. 男：明天就要考试了，我一点儿（　　）都没有。
　　 女：不要着急，你要相信自己。

54. 男：车好像没有油了，前面有（　　）吗？
　　 女：有，再开五分钟就能看到了。

55. 男：现在很多年轻人都爱表现自己，也非常勇敢。
　　 女：是的，不像我们以前那样，做什么都有点儿（　　）。

第二部分

第 56-65 题：排列顺序。

例如：A 可是今天起晚了

　　　B 平时我骑自行车上下班

　　　C 所以就打车来公司　　　　　　　　　　　　　　B A C

56. A 青少年喜欢它，不仅是因为它穿着舒服

　　 B 牛仔裤流行于全球青少年当中

　　 C 最主要的原因是它很好看　　　　　　　　　　_____

57. A 做到节约用水

　　 B 更是一个人美好品格的体现

　　 C 不只是一种环保行为　　　　　　　　　　　　_____

58. A 所以公司近期赶着招聘新的经理

　　 B 原来的经理不干了

　　 C 留下了许多没有完成的工作　　　　　　　　　_____

59. A 画画儿的过程是很困难的

　　 B 更要有耐心

　　 C 不仅要有技巧　　　　　　　　　　　　　　　_____

60. A 因此很多人都提前十天去买票

　　 B 每年寒暑假的时候

　　 C 回家的人很多　　　　　　　　　　　　　　　_____

61. A 准备好苹果、白糖和果汁机
    B 过一会儿就可以喝到美味的果汁了
    C 把苹果放入果汁机，接上电   _____

62. A 人们可以用它上互联网
    B 计算机是一个伟大的发明
    C 及时了解最新消息   _____

63. A 奥林匹克运动会是人类的一件大事
    B 而且更能体现追求"更高，更快，更强"的品质
    C 它不但能体现各国运动员的水平   _____

64. A 其实巧克力不仅有助于减肥
    B 人们常常误认为巧克力会让人肥胖
    C 也有利于身心的健康   _____

65. A 要怀着梦想出发
    B 并坚持去实现梦想
    C 每个人都应该有一个梦想   _____

第 三 部 分

第66-85题：请选出正确答案。

例如：她很活泼，说话很有趣，总能给我们带来快乐，我们都很喜欢和她在一起。
　　★ 她是个什么样的人？
　　A 幽默 ✓　　　B 马虎　　　C 骄傲　　　D 害羞

66. 科学家发现：笑对人们的身体有好处，是人心情愉快的一种表现。但是，笑也有不好的时候，比如说，在做一些很特别的工作时，就不能笑，因为那样容易使想不到的事情发生。
　　★ 这段话主要想告诉我们：
　　A 要多笑　　　B 笑使人年轻　　　C 笑有很多种　　　D 笑也有坏处

67. 他做事不太认真，不管是学习还是工作，都只能坚持很短的时间，但他却觉得自己很优秀，因此，很多人都不愿意和他交往。
　　★ 下列哪个是人们不愿意和他交往的原因？
　　A 太认真　　　B 太优秀　　　C 没有工作　　　D 没有耐心

68. 演出还有10分钟就开始了，怎么办啊？我好怕，我还从来没有在这么多人面前表演过呢！
　　★ "我"的心情怎么样？
　　A 兴奋　　　B 紧张　　　C 伤心　　　D 高兴

69. 父亲发现儿子今天吃了很多饭，感觉很奇怪，问儿子："为什么今天吃这么多饭？"儿子说："为了有力气帮妈妈分担更多的家务。"父亲感动不已。
　　★ 关于儿子，父亲为什么感动？
　　A 非常认真　　B 会做家务　　C 非常懂事　　D 吃了很多饭

70. 明天咱们一起去看球赛吧，你给我讲讲足球比赛的知识。说起来真不好意思，虽然我也常看球，但是并不懂球，就是看个热闹。

    ★ 根据这段话，可以知道"我"：

    A 不爱热闹　　B 经常看球　　C 很懂足球　　D 不想了解足球

71. 今天是熊猫的生日，它的好朋友小猫、小狗和小鸟都来为它过生日。吃蛋糕的时候，朋友们让熊猫许一个愿望。它说："我一直都希望能够照一张彩色照片。"

    ★ 根据这段话，可以知道熊猫：

    A 喜欢照相　　B 朋友不多　　C 需要照相机　　D 愿望很难实现

72. 在中国，几个朋友聚会吃饭，如果事先没说好谁请，吃完饭后大家一般会赶着付钱，谁也不好意思白吃。要是别人出了钱，就老觉着少别人点儿什么。

    ★ 这段话主要是谈：

    A 习惯　　　　B 怎样付钱　　C 钱的作用　　D 友谊的价值

73. 我已经两年没回老家了，这次公司让我出差，我正好顺便回家看看，但是由于时间的关系，只能在家住上一天。

    ★ "我"这次回老家是因为：

    A 出差的机会　B 非常想家　　C 公司的安排　D 很久没回家

74. 李国很诚实，又很容易和他人相处，所以有很多朋友。他如果需要帮助，他的朋友肯定会站出来帮助他，就像他平时帮助那些朋友一样。

    ★ 根据这段话，可以知道李国：

    A 很幽默　　　B 工作很认真　C 很乐观　　　D 人际关系好

75. 一般人认为，降价书是卖不出去的，其实不一定。现在书店很多，有个市场竞争问题。很多书店降价卖书，不是为了赚钱，而是为了吸引顾客，提高自身的知名度。

    ★ 根据这段话，书店降价卖书是为了：

    A 赚钱　　　　B 处理旧书　　C 提高影响　　D 收回成本

76. 大学毕业后，小李被分到机关工作，在那儿整天没事儿可干，关系也复杂，关键是赚不了几个钱。他经过思考后，就决定离开单位，和几个朋友去做生意。他们开了家公司，生意很红火。

★ 小李离开单位主要是因为：

A 收入少　　　B 无事可做　　　C 关系复杂　　　D 工作压力大

77. 我告诉你，在小商店里买东西要学会讨价还价，特别是买衣服买鞋的时候。如果人家说"一百"，你就说："五十，卖不卖?"千万别店主要多少钱就给多少钱。

★ "我"的主要意思是：

A 要学会还价　B 做生意非常难　C 要学会买鞋　D 买东西要给钱

78. 在有些地方，人们会把用空酒瓶制作的东西当作礼物送人。这种礼物制作简单，就是一层一层地把不同颜色的羽毛放入瓶子，做出像山和海的样子。制作好的瓶子看起来色彩丰富，非常漂亮。

★ 根据这段话，这种礼物：

A 很便宜　　　B 不好看　　　C 色彩很深　　　D 很容易制作

79. 电影版《茜茜公主》成为了一代人难忘的记忆。如今，重温经典的机会来了。奥地利音乐剧《茜茜公主》将于9月18日—19日在上海城市剧院上演。这是今年上海演出市场引进的第一部音乐剧。

★ 这段话可能出现在：

A 戏剧里　　　B 广告中　　　C 电影中　　　D 小说里

80-81.

30年前，一个刚来北京大学的新生忙着入学登记，在校园里遇到一位老人，于是他就让老人帮忙看行李。几个小时后，当那名新生终于想起自己的行李，跑回来取时，老人还在太阳下一边看书一边帮忙看行李。而这位老人正是国学大师季羡林先生。这个故事到现在都让人十分感动。

★ 根据这段话，可以知道季羡林先生：

A 非常热心　　B 学问一般　　C 喜欢看报　　　D 容易生气

★ 关于那个学生，可以知道什么？
A 有些马虎　　B 非常感动　　C 行李丢了　　D 认识季先生

82-83.
生活中常会发生一些不如意的事儿，原因是多方面的，有的是误会，有的是文化不同而引起的，有的是我们自身的原因。当你遇到麻烦的时候，冷静是最重要的。如果你能心平气和地与对方讲道理，也许事情就会有个好结果。如果为一点儿小事儿就吵起来，最后双方都会弄得不愉快。

★ 这段话主要讲的是：
A 生活中的误会　　B 误会的原因　　C 麻烦无处不在　　D 怎样解决麻烦

★ 根据这段话，当我们遇到麻烦时，应该怎样做？
A 找原因　　B 不要着急　　C 找别人帮忙　　D 当作没发生

84-85.
有人问：世界上谁的力气最大？有人说是大象，有人说是狮子。结果，这些答案都不对，世界上力气最大的是植物的种子。没有人将小草叫做"大力士"，但是它的力量之大，的确是世界无比的，再大的东西压在它上面，也会被它抬起，因为它是一种长时间不停的力，只要生命存在，这种力量就会继续。

★ 世界上谁的力气最大？
A 大象　　B 狮子　　C 种子　　D 熊猫

★ 关于小草的力量，可以知道：
A 很惊人　　B 是短期的　　C 不能持续　　D 比较危险

三、书 写

第 一 部 分

第 86-95 题：完成句子。

例如：那个桥　　800 年的　　历史　　有　　了

　　<u>那个桥有 800 年的历史了。</u>

86. 打扰　　很　　抱歉　　你了

87. 打算　　去美国　　明年　　作家　　旅行　　这个

88. 干净　　把　　杯子　　你去　　洗

89. 之前　　睡觉　　脱袜子　　记得

90. 母亲　　地球　　是　　共同的　　我们

91. 弄　　钥匙　　被我　　丢了　　房门的

92. 这个　　不能　　我　　价格　　接受

93. 不好　　经常　　喝饮料　　身体　　对

94. 汽车　　禁止　　这里　　通行

95. 流行　　今年　　很　　这首歌

第二部分

第 96-100 题：看图，用词造句。

例如： 乒乓球　　他很喜欢打乒乓球。

96.　　　　　　　　心情

97.　　　　幸福

98.　　　　　　　　竞争

99.　　　　谈

100.　　　　　　　　吃惊

答 案

一、听 力

第一部分

1. × 2. × 3. √ 4. × 5. √
6. × 7. × 8. √ 9. × 10. √

第二部分

11. B 12. C 13. D 14. C 15. D
16. B 17. A 18. D 19. C 20. B
21. C 22. A 23. C 24. B 25. A

第三部分

26. B 27. C 28. D 29. B 30. C
31. D 32. D 33. D 34. C 35. D
36. A 37. B 38. C 39. D 40. C
41. D 42. C 43. D 44. B 45. D

二、阅 读

第一部分

46. A 47. E 48. C 49. B 50. F
51. A 52. E 53. D 54. B 55. F

第二部分

56. BAC 57. ACB 58. BCA 59. ACB 60. BCA
61. ACB 62. BAC 63. ACB 64. BAC 65. CAB

第三部分

66. D 67. D 68. B 69. C 70. B
71. D 72. A 73. A 74. D 75. C
76. A 77. A 78. D 79. B 80. A
81. A 82. D 83. B 84. C 85. A

三、书 写

第一部分

86. 很抱歉打扰你了。
    打扰你了,很抱歉。
87. 这个作家明年打算去美国旅行。
    明年这个作家打算去美国旅行。
    这个作家打算明年去美国旅行。
88. 你去把杯子洗干净。
89. 睡觉之前记得脱袜子。
    记得睡觉之前脱袜子。
90. 地球是我们共同的母亲。
    我们共同的母亲是地球。
91. 房门的钥匙被我弄丢了。
92. 这个价格我不能接受。
    我不能接受这个价格。
93. 经常喝饮料对身体不好。
94. 这里禁止汽车通行。
    这里禁止通行汽车。
95. 今年很流行这首歌。
    这首歌今年很流行。
    今年这首歌很流行。

第二部分

(参考答案)

96. 经理批评了小丽,她现在心情很不好。
    心情不好的时候,可以找朋友聊聊天。
97. 今天是她结婚的日子,她幸福极了。
    她现在是世界上最幸福的人。
98. 在信息社会,女性同样具有很强的竞争力。
    大学毕业生想要找个好工作,就要和很多人去竞争。
99. 他们是无话不谈的好朋友。
    朋友之间有很多可谈的话题。
100. 他吃惊得说不出话来。
     他的话让姐姐很吃惊,谁都没想到事情会变成这样。

听力材料及听力部分题解

（音乐，30秒，渐弱）

大家好！欢迎参加 HSK（四级）考试。
大家好！欢迎参加 HSK（四级）考试。
大家好！欢迎参加 HSK（四级）考试。

HSK（四级）听力考试分三部分，共45题。
请大家注意，听力考试现在开始。

第 一 部 分

第 1-10 题：判断对错。

例如：我想去办个信用卡，今天下午你有时间吗？陪我去一趟银行？
　　　★ 他打算下午去银行。

　　　现在我很少看电视，其中一个原因是，广告太多了，不管什么时间，也不管什么节目，只要你打开电视，总能看到那么多的广告，浪费我的时间。
　　　★ 他喜欢看电视广告。

现在开始第1题：

1.
> 听说今天经理找小李谈话了，想让他到北京的分公司工作，好像是因为小李平时表现特别优秀。
> ★ 小李在北京工作。（×）

【题解】根据听力材料可以知道，小李将要调到北京工作，并非现在就在北京工作，考生应分清事件的已然和未然。

2.
> 丽丽，都已经五点了，我儿子就快放学了，我该去接他了，另外非常感谢你中午的饭菜，真的很好吃。
> ★ 丽丽要去接儿子。（×）

【题解】通过"都已经五点了，我儿子就快放学了，我该去接他了"，可以知道，说话人要去接儿子。丽丽是听话人,因此不是丽丽要去接儿子。

3.

> 小张,我早就说了这件衣服不适合你,不但颜色不好看,价格还那么高,现在后悔了吧。
> ★ 小张已经买了这件衣服。(√)

【题解】根据听力材料可以知道,小张已经后悔买这件衣服了,说明小张已经买了这件衣服。

4.

> 这次考试非常重要,我必须好好儿准备,所以从明天起我就不能陪你打球了。
> ★ 他不喜欢打球。(×)

【题解】根据听力材料可以知道,说话人马上就要考试了,不能再打球了,但并没有说他不喜欢打球。

5.

> 王海教过很多学生,现在有的是医生,有的是经理,还有和他一样做了老师的。
> ★ 王海是老师。(√)

【题解】"王海教过很多学生",因此王海应该是老师。"医生""经理"指的是王海教过的学生的职业。

6.

> 别看陈明学习成绩不太好,可是画儿画得特别好,经常到外地参加比赛,还得了很多奖。
> ★ 陈明学习不错。(×)

【题解】从"陈明学习成绩不太好",可以知道,陈明擅长画画儿,但是学习并不太好。

7.

> 这孩子的体温有点儿高,应该是发烧了,不过没关系,不需要打针,只要吃点儿药就行了。
> ★ 孩子需要打针。(×)

【题解】通过听力材料可以知道,孩子生病了,但不严重,"不需要打针,只要吃点儿药就行了"。

8.

> 和我住在一起的小张真讨厌,夏天居然衣服放那儿一个月都不洗,我快受不了了。
> ★ 小张很懒。(√)

【题解】从小张"夏天居然衣服放那儿一个月都不洗"的行为,可以看出小张这个人很懒。

9.

> 听说昨天的篮球赛非常精彩，可惜我昨晚在公司加班，不然一定会看的。
> ★ 他看了篮球赛。（×）

【题解】根据听力材料可以知道，昨天晚上说话人在公司加班，并没有看篮球比赛。

10.

> 昨天李红家来了很多人，都是来给她过生日的，大家玩儿到很晚才离开，每个人都很开心。
> ★ 李红家昨晚很热闹。（√）

【题解】通过听力材料可以知道，昨天是李红的生日，来了很多人为她庆祝生日，所以她家人很多，很热闹。

第 二 部 分

第 11-25 题：请选出正确答案。

例如：女：该加油了，去机场的路上有加油站吗？
　　　男：有，你放心吧。
　　　问：男的主要是什么意思？

现在开始第 11 题：

11.

> 女：你怎么还没来？都几点了，电影已经开始半个小时了！
> 男：本来应该早就到了，可是现在堵车堵得非常厉害，我也没想到会这样。
> 问：男的现在最可能在哪儿？

A 家里　　　　**B 车里**
C 电影院　　　D 火车站

【题解】根据听力材料可以知道，男的还没到，且从他的话"可是现在堵车堵得非常厉害"可以知道他还在车里。

正确答案是 B。

12.

> 男：小王去哪儿了？他让我今天下午来拿文件的，怎么不在？
> 女：刚才他妻子打电话来说孩子生病了，让他回家一趟，这是他留给你的文件。
> 问：男的要做什么？

A 请假　　　　B 打电话
C 取文件　　D 看孩子

【题解】通过"他让我今天下午来拿文

件的"可以知道，男的是来取文件的。正确答案是C。

13.

女：真是太高兴了！我昨天见到周杰伦了，他和电影里一样帅！
男：我觉得明星和我们都一样，没什么特别的。
问：女的是什么心情？

A 伤心　　　　　B 着急
C 生气　　　　　**D 激动**

【题解】这是一道语气情感题。从女的的语气中，可以知道她见到明星周杰伦后，觉得他很帅，心情很激动。正确答案是D。

14.

女：这道菜是我们这里最有名的，您要不要来份尝尝？
男：看上去还不错，不知道味道怎么样，那就要一份吧。
问：女的最可能是做什么的？

A 导游　　　　　B 售货员
C 服务员　　　D 公司经理

【题解】通常情况下，"这道菜是我们这里最有名的，您要不要来份尝尝"是出现在餐厅里的用语，所以女的很可能是餐厅的服务人员，在向顾客推荐他们的菜。正确答案是C。

15.

男：听说你暑假到一家公司去打工了，看样子赚了不少钱吧。
女：没多少，只够一个月用的，不过我学到了很多经验。
问：关于女的，可以知道什么？

A 毕业了　　　　B 赚了很多钱
C 找不到工作　　**D 获得了经验**

【题解】根据听力材料可以知道，女的赚的钱只够一个月用，但学到了经验。从"暑假"这个词可以推测出女的还没有毕业。正确答案是D。

16.

女：今天下午陪我去逛街吧，我想买衣服。
男：让你妹妹陪你好吗？我昨晚工作到半夜，今天特别累，下午想睡会儿觉。
问：男的下午想做什么？

A 逛街　　　　　**B 休息**
C 陪妹妹　　　　D 买衣服

【题解】从听力材料可以知道，男的昨晚加班了，今天很累，不想陪女的去逛街，想下午睡觉。正确答案是B。

17.

男：下午四点不是要开会吗？时间都到了，怎么会议室里一个人都没有啊？
女：你记错了吧，会两个小时前就开了。
问：几点开会？

A 下午两点　　　B 下午两点半
C 下午四点　　　D 下午四点半

【题解】根据听力材料可以知道，男的本以为是下午四点开会，"时间都到了"说明现在是下午四点。女的告诉他会议在两个小时前就已经开过了，所以应该是下午两点开会。正确答案是A。

18.

女：买火车票的人真多，不知道什么时候才能到我们。
男：你先在这儿等着，我去对面的超市买点儿喝的，渴死了。
问：对话的地点可能在哪儿？

A 超市　　　　　B 机场
C 汽车站　　　　**D 火车站**

【题解】从"买火车票的人真多"和"你先在这儿等着"可以知道，他们现在正在火车站排队买火车票。正确答案是D。

19.

男：妈，这是张琳，和我在一家公司工作。
女：欢迎你，张琳，快进来，你们先聊会儿，我去洗水果。
问：张琳和男的是什么关系？

A 师生　B 姐弟　**C 同事**　D 母子

【题解】通过"和我在一家公司工作"可以知道，男的和张琳是同一家公司的，是同事关系。正确答案是C。

20.

男：请问这里有水果蛋糕吗？
女：有，不过还没做好，您等几分钟可以吗？
问：男的现在想做什么？

A 买水果　　　　**B 买蛋糕**
C 做蛋糕　　　　D 问时间

【题解】根据"请问这里有水果蛋糕吗"这句话可以知道，男的现在是在买蛋糕。正确答案是B。

21.

男：对不起，昨天我看书看得太晚了，所以今天早上才会迟到。
女：这已经是你这个月第三次迟到了，以后不能再这样了。快进去上课吧。
问：女的最可能是做什么的？

A 经理　　B 医生　**C 老师**　D 服务员

【题解】根据听力材料可以知道，男的上课迟到了，女的在提醒他不要再迟到了。这段话很明显应该出现在学校中，男的是学生，女的应该是一位老师。正确答案是C。

22.

男：怎么又买衣服了？前几天不是刚买过几件吗？
女：这不是给我自己买的，后天是我妈的生日，给她买的。
问：女的为什么买衣服？

A 送给妈妈　　B 衣服很好看
C 衣服在打折　　D 自己没衣服

【题解】通过听力材料可以知道，后天是女的妈妈的生日，她买的衣服是送妈妈的生日礼物。正确答案是A。

23.

女：昨天晚上下雪了，外面非常冷，你还想出去吗？
男：为什么不呢？现在外面特别漂亮，我还想照几张照片呢。
问：男的是什么意思？

A 不想出门　　B 外面不冷
C 应该出去　　D 没有照相机

【题解】男的说："为什么不呢？"意思是："为什么不出去呢？"也就是说男的很想出去，即使冷也没关系。从"现在外面特别漂亮，我还想照几张照片呢"，可以知道男的觉得外面很漂亮，还想出去照相。正确答案是C。

24.

男：明天几点到奶奶家？
女：上午十点。不过我们得提前一点儿出发，因为我想先去超市给奶奶买点儿礼物。
问：他们要提前做什么？

A 坐车　　　　**B 去买东西**
C 去奶奶家　　D 打扫房间

【题解】从女的的话可以知道他们提前出发是想"先去超市给奶奶买点儿礼物"。正确答案是B。

25.

女：这件衣服我哥哥也有一件，原价要一千块呢，你可真有钱。
男：没那么贵，我买的时候打四折。
问：男的买这件衣服花了多少钱？

A 400元　　　B 600元
C 800元　　　D 1500元

【题解】从听力材料可以知道，这件衣服原来是一千块钱，男的买这件衣服时打了四折，四折就是原价的40%，也就是说男的是花四百块钱买的这件衣服。正确答案是A。

第 三 部 分

第 26-45 题：请选出正确答案。

例如：男：把这个文件复印五份，一会儿拿到会议室发给大家。
　　　女：好的。会议是下午三点吗？
　　　男：改了。三点半，推迟了半个小时。
　　　女：好，602 会议室没变吧？
　　　男：对，没变。
　　　问：会议几点开始？

现在开始第 26 题：

26.
男：我昨天看到你姐姐了，和你长得真像，我差点儿把她当成你。
女：她正在美国读博士，前几天刚回来。
男：真厉害！她有男朋友了吗？
女：有啊，是她同学，不过这次没回来。
问：关于女的姐姐，可以知道什么？

A 和女的不像　　**B 正在读博士**
C 男友是美国人　D 在美国没回来

【题解】根据听力材料可以知道，女的姐姐"正在美国读博士，前几天刚回来"，而姐姐的男友是她同学，并未涉及他的国籍，因此C、D不对。"和你长得真像"意思是说姐姐和女的长得很像，A不对。正确答案是B。

27.
女：最近我要写一篇关于中国经济的论文。
男：听起来挺难的，准备得怎么样了？
女：看了很多书，不过还是不太懂。
男：对了，我哥哥就是研究这方面的，我可以帮你约他出来谈谈。
问：男的为什么要约他哥哥出来？

A 想他了　　　　B 请他吃饭
C 帮助女的　　D 向他借书

【题解】通过听力材料可以知道，男的哥哥是研究中国经济的，而女的要写这方面的论文，但不太懂。男的约哥哥吃饭是想帮女的完成论文。正确答案是C。

28.

男：我有点儿不舒服，可能感冒了。
女：你的脸好红，肯定发高烧了！
男：都是我昨天洗冷水澡洗的。不过没关系，吃点儿药就没事儿了。
女：不行，你现在需要马上去看医生。
问：男的现在应该马上做什么？

A 上班　B 吃药　C 洗澡　**D 去医院**
【题解】从"肯定发高烧了"可以知道男的病得很严重，从"你现在需要马上去看医生"，可以知道男的应该去医院看病。正确答案是D。

29.

女：陪我去超市买点儿东西吧。
男：好的，我去拿车钥匙。
女：超市这么近开什么车，再说吃完饭应该散散步，我们走过去吧。
男：好的，今天晚上我吃得太多了，正好出去走走。
问：根据对话，下列哪项不正确？

A 超市很近　　**B 开车不方便**
C 女的想散步　D 男的吃多了
【题解】根据听力材料可以知道，超市很近，不需要开车，但并没有说开车是否方便的问题，这属于过度引申。正确答案是B。

30.

男：快点儿，你已经打扮半个小时了，再不快点儿晚会就开始了。
女：我还没换衣服呢，不知道哪件更合适。
男：真不明白你这半个小时都干什么呢，随便换一件就行了。
女：知道了，你先把车停到门口，我很快就好了。
问：女的是什么意思？

A 时间还很早　　B 外面在堵车
C 让男的先取车　D 自己打扮好了
【题解】从听力材料可以知道，晚会快开始了，女的还没选好衣服，男的很着急，所以女的就让他先去取车。正确答案是C。

31.

女：昨天我见到您儿子了，和您长得真像。
男：他现在是挺像我的，不过小时候更像他妈妈。
女：听说他大学毕业以后在上海一个大公司里工作，是吗？
男：那是三年前的事儿了，他现在在北京开了一家公司，虽然不大，但他非常努力。
问：关于男的儿子，可以知道什么？

A 长得非常帅　B 长得很像妈妈
C 在上海工作　**D 有自己的公司**

【题解】从前两句对话可以确定选项B是不正确的，A项对话中并未涉及到，而选项C描述的是以前的事情，所以正确答案应该是D。也可以从"他现在在北京开了一家公司"这句话判断出正确答案。

32.

女：你太不仔细了，经理让你写的那份材料出现了好多错误。
男：那怎么办？经理是不是很生气？
女：还好我在交给他之前看了一下，把错误都改过来了。
男：太谢谢你了，我下次一定注意。
问：根据对话，可以知道什么？

A 男的很仔细　　B 经理非常生气
C 女的很粗心　　**D 材料被改正了**

【题解】通过对话，可以知道男的写的材料出现了很多错误，不过女的在交给经理之前"把错误都改过来了"。正确答案是D。

33.

女：明天中午我回不来，公司要加班，你给儿子做饭吧。
男：不行，明天我要见个很重要的客户，中午得陪人家吃饭。
女：那明天谁给孩子做饭？
男：我妈家离学校也不远，明天让他去那儿吃不就行了。
问：明天孩子会在哪儿吃饭？

A 餐厅　B 公司　C 学校　**D 奶奶家**

【题解】根据听力材料可以知道，男的和女的明天都很忙，没有时间给孩子做饭，幸好"我妈家离学校也不远"，男的妈妈即孩子的奶奶，因此孩子可以去奶奶家吃饭。正确答案是D。

34.

男：服务员，过来一下。
女：您好，有什么需要吗？
男：这个汤太咸了，不知道放了多少盐，实在喝不下去。
女：非常抱歉，请您稍等，我去给您换一份好吗？
问：男的可能在哪儿？

A 宾馆　B 超市　**C 餐厅**　D 车站

【题解】一般"服务员，过来一下""这个汤太咸了""非常抱歉，请您稍等，我去给您换一份好吗"这样的话都出现于餐厅中，是顾客与服务员之间的对话，所以现在男的很可能是在一家餐厅吃饭。正确答案是C。

35.

女：桌子上的饼干怎么没了？
男：早上我拿去吃了。

> 女：已经买了很久了，我准备扔了的，你吃完有没有不舒服？
> 男：还好，我看了日期，还能吃。
> 问：关于男的，可以知道什么？

A 肚子饿　　　　B 想喝水
C 不舒服　　　　**D 吃了饼干**

【题解】女的问饼干怎么没了，男的说"早上我拿去吃了"。A 和 B 对话中没提到。女的说饼干买了很久了，问男的吃完有没有不舒服，男的说"还能吃"，也就是说他吃完没有不舒服，因此 C 不对。正确答案是 D。

第 36 到 37 题是根据下面一段话：

> 在接下来的日子里，大家要更加努力地学习，好好儿复习已经学过的知识。这次考试的题并不难，都是上课讲过的内容，我相信只要大家用心复习就一定能取得不错的成绩。大家有没有信心？

36．说话人对大家有什么要求？
A 好好儿复习　　B 爱护环境
C 要有礼貌　　　　D 努力工作

【题解】从"在接下来的日子里，大家要更加努力地学习，好好儿复习已经学过的知识"可以知道，说话人要大家好好儿复习。正确答案是 A。

37．说话人最可能是什么人？
A 经理　**B 老师**　C 记者　D 医生

【题解】这段话一般情况下会出现在学校里，是老师对学生提出的要求。正确答案是 B。

第 38 到 39 题是根据下面一段话：

> 大家听好了，最近一段时间这里会经常下雨，请大家出门时记得把门窗关好，并且随身带着雨伞。衣服最好不要挂在外面，因为随时会下雨。另外大家要经常打扫街道，否则老人和小孩儿出入的时候会很不方便。

38．最近这段时期大家应该怎么做？
A 常开窗户　　　　B 多洗衣服
C 随身带伞　　　D 多出门散步

【题解】因为这里"会经常下雨"，因此要"把门窗关好"，所以 A 不对；"衣服最好不要挂在外面"，并没有说要多洗衣服，因此 B 不对；提到了"出门"，但并没说出去散步，因此 D 不对。从"请大家出门时记得把门窗关好，并且随身带着雨伞"，可以很容易得出这道题的正确答案是 C。

39．说话人在做什么？
A 做广告　　　　B 介绍历史
C 表演节目　　　**D 通知事情**

【题解】这可能是一段小区广播，提醒大家近期有雨，通知大家一些需要注意的事情。正确答案是 D。

第 40 到 41 题是根据下面一段话：

> 今天是周末，我不用上班。我本来打算九点去游泳，十一点回家吃饭，下午一点和女朋友去看电影。可是当我游完泳出来时，发现自行车不见了，于是我就到处去找，一直到十二点多都没找到。当我回家吃完饭时已经一点半了，这时我才想起来女朋友还在电影院等我。

40．"我"本来打算十一点做什么？

A 上班　B 游泳　**C 吃饭**　D 看电影

【题解】"今天是周末，我不用上班"，因此 A 不对。说话人本来计划是"九点游泳，十一点回家吃饭，下午一点和女朋友去看电影"。正确答案是 C。

41．当"我"想起来女朋友还在等"我"时，已经几点了？

A 十一点　　　B 十一点半
C 十二点　　　**D 下午一点半**

【题解】由于自行车丢了，打乱了"我"的计划，"我"吃完饭已经下午一点半了，这时才想起女朋友还在等"我"看电影。正确答案是 D。

第 42 到 43 题是根据下面一段话：

> 小明的妈妈不希望他和小东玩儿，就对他说："孩子，小东再找你玩儿时你不许理他，他非常不爱学习，不是一个好孩子。"小明想了想，问妈妈："我爱学习，我是一个好孩子，所以我可以去找他玩儿，对吗？"

42．小明的妈妈是什么意思？

A 小东不聪明　　B 要努力学习
C 别和小东玩儿　D 好孩子不该玩儿

【题解】从听力材料的第一句话可以知道，小明的妈妈不希望小明和小东一起玩儿，怕小东带坏了小明，正确答案是 C。

43．关于小明，可以知道什么？

A 不爱学习　　　B 非常害羞
C 爱玩儿游戏　　**D 想和小东玩儿**

【题解】通过小明的话"我爱学习，我是一个好孩子，所以我可以去找他玩儿"，可以知道，小明自己还是很喜欢和小东一起玩儿的。正确答案是 D。

第 44 题到 45 题是根据下面一段话：

> 最近一段时间天气变化比较大，早晚很冷，中午又很暖和。这样非常容易生病，很多同学都感冒、咳嗽甚至发烧了。在这段时间大家一定要注意保护身体，多喝水，多运动，感觉到不舒服了就要及时吃药。同学们要记住，只有身体健康才能更好地学习。

44．说话人最有可能在哪儿？

A 医院　**B 学校**　C 公司　D 家里

【题解】从"同学们要记住，只有身体健康才能更好地学习"这句话可以知道，说话人可能是一位老师，这段话最可能出现在学校里。正确答案是 B。

45．说话人对大家有什么要求？

　A 多休息　　　　B 多吃水果
　C 努力学习　　**D 多锻炼身体**

【题解】A 和 B 没提到。"只有身体健康才能更好地学习"，意思是提醒大家注意健康，不是要求大家努力学习，因此 C 不对。为了保护身体，要"多喝水，多运动"，"多运动"即"多锻炼身体"。正确答案是 D。

听力考试现在结束。

阅读部分题解

第一部分

第46-50题：选词填空。

A 安排　　B 诚实　　C 丢　　D 坚持　　E 开玩笑　　F 研究

46.

> 我明天要去见公司总经理，你帮我（A 安排）一下。

【题解】根据这句话的结构可以知道，这里缺少一个谓语动词。另外，"一下"是动量词，直接加在动词后作动量补语。选项中的动词只有ACF三项，其中"安排"是"安置处理"的意思，填在这里符合语境。正确答案是A。

47.

> 你在（E 开玩笑）吧？他怎么可能这么快就结婚了？

【题解】根据这句话的意思可以知道，说话人对"他"这么快就结婚了这件事感到很吃惊，"开玩笑"是指"戏弄，耍弄，说笑话，逗别人"的意思，用在这里表示说话人的一种惊讶。正确答案是E。

48.

> 你看到我的信用卡了吗？我好像把它弄（C 丢）了。

【题解】根据这句话的意思可以知道，他找不到信用卡了，也就是说他觉得自己可能是把信用卡弄丢了。正确答案是C。

49.

> 妈妈经常对我说："你要做一个（B 诚实）的孩子。"

【题解】根据这句话的结构来看，这里缺少一个形容词，在汉语中"形容词＋的＋名词"是很常见的搭配；再从选项中看，只有"诚实"是形容词。正确答案是B。

50.

> 我爸爸是大学老师，他是（F 研究）中国文化的。

【题解】从这句话的结构看，这里缺少

一个可以带宾语的动词，选项中 B "诚实"是形容词，E "开玩笑"不能带宾语。根据这句话的意思可以知道，"我爸爸是大学老师"，也就是说爸爸在大学工作，他的工作跟中国文化有关，是研究中国文化的老师。正确答案是 F。

第 51-55 题：选词填空。

　　A 来得及　　B 加油站　　C 温度　　D 信心　　E 解释　　F 害羞

51.

> 男：这都七点了，我们要迟到了。
> 女：还有一个小时呢，应该（A 来得及）。

【题解】根据对话的意思知道，他们还有一个小时的时间呢，还有时间去做他们应该做的事情，所以这一空应该填"来得及"，即"还有时间做某事"的意思。正确答案是 A。

52.

> 男：这已经是你第三次做错事情了，请你（E 解释）一下。
> 女：对不起，我下次不会了。

【题解】从这句话的结构看，这一空缺少一个谓语动词，而选项中只有"解释"是动词，指"在观察的基础上进行思考，合理地说明事物变化的原因，事物之间的联系，或者是事物发展的规律"。正确答案是 E。

53.

> 男：明天就要考试了，我一点儿（D 信心）都没有。
> 女：不要着急，你要相信自己。

【题解】从这句话的结构看，这里缺少一个可以作宾语的名词；再根据对话的意思，可以知道，明天要考试，男的很紧张，不自信，也就是对自己没有信心。正确答案是 D。

54.

> 男：车好像没有油了，前面有（B 加油站）吗？
> 女：有，再开五分钟就能看到了。

【题解】根据对话的意思，可以知道，车快没有油了，应该找加油站加油。正确答案是 B。

31

55.

男：现在很多年轻人都爱表现自己，也非常勇敢。
女：是的，不像我们以前那样，做什么都有点儿（F 害羞）。

【题解】"不像……"有"与……不同"的意思，因此，这一空应该填一个与"现在很多年轻人都爱表现自己，也非常勇敢"的意思相反的形容词。选项中"害羞"是指"感到不好意思，难为情"，意思正好相反。正确答案是F。

第二部分

第56-65题：排列顺序。

56.

A 青少年喜欢它，不仅是因为它穿着舒服
B 牛仔裤流行于全球青少年当中
C 最主要的原因是它很好看

【题解】B句引出了整个句子的话题"牛仔裤"，应该放在句首；再根据A句中的"不仅"和C句中的"最主要"可以知道A句应该放在C句前面。正确顺序是BAC。

57.

A 做到节约用水
B 更是一个人美好品格的体现
C 不只是一种环保行为

【题解】A句是整个句子的话题，应该放在句首；再根据C句中的"不只是"和B句中的"更是"可以知道，B句应该放在C句后面。正确顺序是ACB。

58.

A 所以公司近期赶着招聘新的经理
B 原来的经理不干了
C 留下了许多没有完成的工作

【题解】C句是B句"经理不干了"所导致的后果，应该放在B句的后面；而A句是出现了上述后果之后应该采取的措施，应该放在C句后面。正确顺序是BCA。

59.

A 画画儿的过程是很困难的
B 更要有耐心
C 不仅要有技巧

【题解】A句提出了整个句子的话题"画画儿"，应该放在句首；再根据C句中的"不仅"和B句中的"更"可以知道，C句应该放在B句前面。正确顺序是ACB。

60.

> A 因此很多人都提前十天去买票
> B 每年寒暑假的时候
> C 回家的人很多

【题解】B 句是整个句子的前提条件，应该放在句首；C 句是造成 A 句这种情况的原因，应该放在 A 句前面。正确顺序是 BCA。

61.

> A 准备好苹果、白糖和果汁机
> B 过一会儿就可以喝到美味的果汁了
> C 把苹果放入果汁机，接上电

【题解】这道题主要在讲制作果汁的过程，考生应该按照事情的发展顺序来解答此题。首先，准备好所需要的东西；然后，制作果汁；最后，就可以喝了。这三个分句描述了果汁制作的整个过程，正确顺序是 ACB。

62.

> A 人们可以用它上互联网
> B 计算机是一个伟大的发明
> C 及时了解最新消息

【题解】B 句引出了整个句子的话题"计算机"，所以应该放在句首；C 句中的"了解最新消息"是对 A 句中"上互联网"的进一步解释，所以应该放在 A 句的后面。正确顺序是 BAC。

63.

> A 奥林匹克运动会是人类的一件大事
> B 而且更能体现追求"更高，更快，更强"的品质
> C 它不但能体现各国运动员的水平

【题解】A 引出了整个句子的话题"奥林匹克运动会"，应该放在句首；再根据 C 句中的"不但"和 B 句中的"而且"可以知道，C 句应该放在 B 句前面。正确顺序是 ACB。

64.

> A 其实巧克力不仅有助于减肥
> B 人们常常误认为巧克力会让人肥胖
> C 也有利于身心的健康

【题解】通过 A 句中的"不仅"和 C 句中的"也"可以知道，A 句应该放在 C 句前面；再根据 A 句中的"其实"可以知道，A 句是对 B 句中"巧克力会让人肥胖"这种说法的反驳，所以应该放在 B 句后面。正确顺序是 BAC。

65.

> A 要怀着梦想出发
> B 并坚持去实现梦想
> C 每个人都应该有一个梦想

【题解】C句是整个句子的话题,应该放在句首;"怀着梦想出发"是"实现梦想"的前提,因此B句应该放在A句后面。正确顺序是CAB。

第 三 部 分

第66-85题:请选出正确答案。

66.

> 科学家发现:笑对人们的身体有好处,是人心情愉快的一种表现。但是,笑也有不好的时候,比如说,在做一些很特别的工作时,就不能笑,因为那样容易使想不到的事情发生。

★ 这段话主要想告诉我们:

A 要多笑　　　B 笑使人年轻
C 笑有很多种　D 笑也有坏处

【题解】一般情况下,一段话中有转折词时,作者往往想强调的是转折后的意思。这段话中主要想强调的是"但是,笑也有不好的时候",也就是说笑也有坏处。正确答案是D。

67.

> 他做事不太认真,不管是学习还是工作,都只能坚持很短的时间,但他却觉得自己很优秀,因此,很多人都不愿意和他交往。

★ 下列哪个是人们不愿意和他交往的原因?

A 太认真　　　B 太优秀
C 没有工作　　D 没有耐心

【题解】根据"他做事不太认真,不管是学习还是工作,都只能坚持很短的时间,但他却觉得自己很优秀"这段话可以知道,他做事不认真,而且不能坚持,也就是说他没有耐心,不优秀却觉得自己很优秀,但没有说他没有工作。正确答案是D。

68.

> 演出还有10分钟就开始了,怎么办啊?我好怕,我还从来没有在这么多人面前表演过呢!

★ "我"的心情怎么样?

A 兴奋　B 紧张　C 伤心　D 高兴

【题解】根据"我好怕,我还从来没有在这么多人面前表演过呢"这句话可以知道,"我"怕演出不成功,现在很担心,很紧张。正确答案是B。

69.

> 父亲发现儿子今天吃了很多饭，感觉很奇怪，问儿子："为什么今天吃这么多饭？"儿子说："为了有力气帮妈妈分担更多的家务。"父亲感动不已。

★ 关于儿子，父亲为什么感动？

　A 非常认真　　　B 会做家务
　C 非常懂事　　D 吃了很多饭

【题解】当父亲问儿子为什么吃这么多饭时，他回答："为了有力气帮妈妈分担更多的家务"，这说明儿子是一个非常懂事的孩子，知道帮助父母做家务，所以父亲很感动。正确答案是C。

70.

> 明天咱们一起去看球赛吧，你给我讲讲足球比赛的知识。说起来真不好意思，虽然我也常看球，但是并不懂球，就是看个热闹。

★ 根据这段话，可以知道"我"：

　A 不爱热闹　　**B 经常看球**
　C 很懂足球　　D 不想了解足球

【题解】根据"你给我讲讲足球比赛的知识"这句话，可以知道"我"想了解有关足球的知识，所以D项不正确；再根据"说起来真不好意思，虽然我也常看球，但是并不懂球，就是看个热闹"这句话，可以知道，"我"经常看球，但不懂球，只是图个热闹。正确答案是B。

71.

> 今天是熊猫的生日，它的好朋友小猫、小狗和小鸟都来为它过生日。吃蛋糕的时候，朋友们让熊猫许一个愿望。它说："我一直都希望能够照一张彩色照片。"

★ 根据这段话，可以知道熊猫：

　A 喜欢照相　　　B 朋友不多
　C 需要照相机　　**D 愿望很难实现**

【题解】根据常识，我们知道，熊猫全身只有黑白两种颜色，而它的愿望是照一张彩色照片，这是很难实现的一个愿望。正确答案是D。

72.

> 在中国，几个朋友聚会吃饭，如果事先没说好谁请，吃完饭后大家一般会赶着付钱，谁也不好意思白吃。要是别人出了钱，就老觉着少别人点儿什么。

★ 这段话主要是谈：

　A 习惯　　　　B 怎样付钱
　C 钱的作用　　D 友谊的价值

【题解】这段话主要讲在中国几个朋友一起吃饭的相关事情，以及吃完饭后大家内心的想法，这些都是中国人的生活习惯。正确答案是A。

73.

> 我已经两年没回老家了，这次公司让我出差，我正好顺便回家看看，但是由于时间的关系，只能在家住上一天。

★ "我"这次回老家是因为：
A 出差的机会　　B 非常想家
C 公司的安排　　D 很久没回家

【题解】根据"这次公司让我出差，我正好顺便回家看看"这句话可以知道，"我"这次是借出差的机会顺便回家。正确答案是 A。

74.

> 李国很诚实，又很容易和他人相处，所以有很多朋友。他如果需要帮助，他的朋友肯定会站出来帮助他，就像他平时帮助那些朋友一样。

★ 根据这段话，可以知道李国：
A 很幽默　　　　B 工作很认真
C 很乐观　　　　D 人际关系好

【题解】这段话主要讲李国朋友很多，而且他和朋友之间很愿意互相帮助，说明他人际关系很好。正确答案是 D。

75.

> 一般人认为，降价书是卖不出去的，其实不一定。现在书店很多，有个市场竞争问题。很多书店降价卖书，不是为了赚钱，而是为了吸引顾客，提高自身的知名度。

★ 根据这段话，书店降价卖书是为了：
A 赚钱　　　　B 处理旧书
C 提高影响　　D 收回成本

【题解】根据"很多书店降价卖书，不是为了赚钱，而是为了吸引顾客，提高自身的知名度"这句话可以知道，降价卖书是为了提高自身在顾客心目中的影响。正确答案是 C。

76.

> 大学毕业后，小李被分到机关工作，在那儿整天没事儿可干，关系也复杂，关键是赚不了几个钱。他经过思考后，就决定离开单位，和几个朋友去做生意了。他们开了家公司，生意很红火。

★ 小李离开单位主要是因为：
A 收入少　　　　B 无事可做
C 关系复杂　　　D 工作压力大

【题解】根据"在那儿整天没事儿可干，关系也复杂，关键是赚不了几个钱"这句话可以知道，小李离开单位最主要是因为那里挣钱少。"关键"意思即最主要的。正确答案是 A。

77.

> 我告诉你，在小商店里买东西要学会讨价还价，特别是买衣服买鞋的时候。如果人家说"一百"，你就说："五十，卖不卖?"千万别店主要多少钱就给多少钱。

★ "我"的主要意思是：

A 要学会还价　　B 做生意非常难
C 要学会买鞋　　D 买东西要给钱

【题解】根据"在小商店里买东西要学会讨价还价"这句话可以知道，"我"的主要意思是想告诉对方要学会还价。"讨价"意思是询问价格，"还价"意思是说出自己希望的价格。正确答案是 A。

78.

> 在有些地方，人们会把用空酒瓶制作的东西当作礼物送人。这种礼物制作简单，就是一层一层地把不同颜色的羽毛放入瓶子，做出像山和海的样子。制作好的瓶子看起来色彩丰富，非常漂亮。

★ 根据这段话，这种礼物：

A 很便宜　　　B 不好看
C 色彩很深　　**D 很容易制作**

【题解】根据"这种礼物制作简单"这句话，可以知道这种礼物很容易制作。正确答案是 D。

79.

> 电影版《茜茜公主》成为了一代人难忘的记忆。如今，重温经典的机会来了。奥地利音乐剧《茜茜公主》将于9月18日—19日在上海城市剧院上演。这是今年上海演出市场引进的第一部音乐剧。

★ 这段话可能出现在：

A 戏剧里　　　**B 广告中**
C 电影中　　　D 小说里

【题解】这段话主要介绍了音乐剧演出的时间和地点，并说明"这是今年上海演出市场引进的第一部音乐剧"，目的是吸引观众前去观看，因此这段话应该是在广告中出现的。正确答案是 B。

80-81.

> 30年前，一个刚来北京大学的新生忙着入学登记，在校园里遇到一位老人，于是他就让老人帮忙看行李。几个小时后，当那名新生终于想起自己的行李，跑回来取时，老人还在太阳下一边看书一边帮忙看行李。而这位老人正是国学大师季羡林先生。这个故事到现在都让人十分感动。

★ 根据这段话，可以知道季羡林先生：

A 非常热心　　B 学问一般
C 喜欢看报　　　D 容易生气

【题解】根据"几个小时后,当那名新生终于想起自己的行李,跑回来取时,老人还在太阳下一边看书一边帮忙看行李"这句话可以知道,季先生在太阳下帮新生看了几个小时的行李,这说明他是一个热心的人。正确答案是A。

★ 关于那个学生,可以知道什么?
A 有些马虎　　B 非常感动
C 行李丢了　　D 认识季先生

【题解】根据这段话,可以知道,那个学生忙着入学登记,忘了自己的行李,也就是说他很马虎。正确答案是A。

82-83.

> 生活中常会发生一些不如意的事儿,原因是多方面的,有的是误会,有的是文化不同而引起的,有的是我们自身的原因。当你遇到麻烦的时候,冷静是最重要的。如果你能心平气和地与对方讲道理,也许事情就会有个好结果。如果为一点儿小事儿就吵起来,最后双方都会弄得不愉快。

★ 这段话主要讲的是:
A 生活中的误会　B 误会的原因
C 麻烦无处不在　D 怎样解决麻烦

【题解】这段话主要讲了当大家遇到麻烦的时候,应该怎么做,也就是说这段话主要讲的是怎样解决麻烦。正确答案是D。

★ 根据这段话,当我们遇到麻烦时,应该怎样做?
A 找原因　　　B 不要着急
C 找别人帮忙　D 当作没发生

【题解】根据"当你遇到麻烦的时候,冷静是最重要的"这句话可以知道,遇到麻烦时,首先要冷静,也就是说不能着急。正确答案是B。

84-85.

> 有人问:世界上谁的力气最大?有人说是大象,有人说是狮子。结果,这些答案都不对,世界上力气最大的是植物的种子。没有人将小草叫做"大力士",但是它的力量之大,的确是世界无比的,再大的东西压在它上面,也会被它抬起,因为它是一种长时间不停的力,只要生命存在,这种力量就会继续。

★ 世界上谁的力气最大?
A 大象　B 狮子　C 种子　D 熊猫

【题解】根据"世界上力气最大的是植物的种子"这句话可以知道,世界上力气最大的是植物的种子。正确答案是C。

★ 关于小草的力量,可以知道:
A 很惊人　　　B 是短期的
C 不能持续　　D 比较危险

【题解】通过这段话可以知道,小草的力量是长期的,是一种不会停的力,是世界无比的力量,很让人吃惊。正确答案是A。